Lb 56
1080

NOUVELLES
RÉFORMES
INDUSTRIELLES ET POLITIQUES

PAR

JULES PAUTET

ANCIEN SOUS-PRÉFET

> « Il est du devoir de tout bon citoyen de propager les saines doctrines de l'économie politique. »
>
> « La constitution (de 1852) n'a fixé que ce qu'il était impossible de laisser incertain. Elle n'a pas enfermé dans un cercle infranchissable les destinées d'un grand peuple. »
>
> NAPOLÉON III.

PRIX : 1 FRANC.

PARIS

E. DENTU
LIBRAIRE-ÉDITEUR
Palais-Royal.

LEDOYEN
LIBRAIRE-ÉDITEUR
Palais-Royal.

1860

RÉFORMES

INDUSTRIELLES ET POLITIQUES

« Il est du devoir de tout bon citoyen de propager les saines doctrines de l'économie politique. »

« La constitution (de 1852) n'a fixé que ce qu'il était impossible de laisser incertain. Elle n'a pas enfermé dans un cercle infranchissable les destinées d'un grand peuple. »

Napoléon III.

Nous nous proposons, dans cet écrit, de passer en revue les résultats et les conséquences des réformes industrielles et des récentes réformes politiques inaugurées, les premières par la lettre impériale du 5 janvier au ministre d'État, les secondes par le décret du 24 novembre dernier. Après avoir rendu le calme à la France par son énergie et son dévouement à ses plus chers intérêts, ceux de l'honneur et de la gloire, l'Empereur se préoccupe des moyens de réaliser sa prospérité par le travail libre ; cette tâche accomplie, au milieu de l'apaisement des passions, et alors que le pays, heureux, ne réclamait pas de modifications aux institutions qu'il tient de son élu, l'Empereur a voulu couronner son œuvre en associant plus intimement les grands corps de l'État et la nation tout entière, par ses représentants, à ses actes et à toute sa politique. C'est cet ensemble de faits qui se tiennent, se corroborent les uns les autres, et dont les conséquences seront immenses, que nous voulons examiner rapidement aujourd'hui, en attendant que nous leur consacrions un travail plus étendu. C'est le droit de tous de se rendre compte des nouvelles réformes, et, l'Empereur l'a dit : *Il est du devoir de tout bon citoyen de propager les saines doctrines de l'économie politique.* L'ordre chronologique veut que nous commencions par les réformes industrielles, après quoi nous passerons aux réformes politiques.

I

Les réformes adoptées par Napoléon III doivent apporter, nous voulons le démontrer, de nouvelles conditions de prospérité, de bien-être et de dignité aux industries agricole, manufacturière et commerciale; car il est une heure solennelle, dans la vie des peuples, où il devient nécessaire de rompre avec les errements du passé, et où les transformations sont inévitables dans l'ordre social, dans l'ordre politique et dans l'ordre industriel. La grande époque de 1789 a réalisé la révolution sociale déposée dans le code civil et concentrée là comme un modèle offert à toutes les nations; le 18 brumaire et le 2 décembre ont inauguré la politique nouvelle; il restait à ouvrir l'ère de la révolution industrielle, et à *couronner* l'œuvre politique de Naléon III.

En ce qui concerne l'industrie, une main ferme et puissante, une volonté virile éclairée par l'étude, ont pu réaliser les profondes modifications qui se trouvaient sans cesse renvoyées, par des esprits timorés, à des temps ultérieurs.

La transformation industrielle n'eût jamais été utilisée si l'on avait attendu l'assentiment de ceux qui vivaient des abus et s'accommodaient très-bien d'un *statu quo* dont ils rêvaient la perpétuité, sans se soucier du plus grand nombre.

Est-ce à dire pour cela que nos manufactures nationales ne soient pas dignes d'intérêt, et qu'il ne faille pas user d'une grande prudence et de nombreux et sages tempéraments, quand il s'agit de modifier leurs conditions d'existence? Non, assurément, et c'est ce que l'Empereur a parfaitement senti lorsqu'il a voulu conserver des droits suffisamment protecteurs et lorsqu'il a proclamé la liberté du commerce, et non pas le libre échange absolu, qui ne laisserait pas même subsister un tarif fiscal, au grand détriment de la science en général et de la statistique en particulier.

Napoléon III, dégagé des préoccupations qui pesaient sur les décisions de Napoléon Ier, et plein de cette pensée philosophique que le temps des conquêtes par les armes et la violence est passé, et que les peuples ont le droit inviolable de garder leur autonomie, a voulu réaliser les bienfaits du commerce libre, qui est une face de la liberté du travail. Il a voulu que les nations s'entendissent entre elles pour leurs échanges, et n'a pas eu un seul instant l'idée de les courber par la violence sous un joug dont l'injustice même limite la durée ; il a voulu ce rapprochement qui naît d'une bienveillance réciproque, les peuples ayant intérêt à la prospérité les uns des autres, car l'on ne peut faire un commerce utile qu'avec des nations heureuses et prospères.

On doit reconnaître que, dans la mémorable lettre du 5 janvier 1860 au ministre d'État, l'Empereur a posé les principes d'une *économie politique* sage et modérée, qui ne brusque rien, ne précipite rien, sait tenir compte des droits acquis et ménage de suffisantes transitions pour laisser à nos industries le temps de se préparer à la lutte. Le problème qu'a voulu résoudre et qu'a résolu l'Empereur est celui du bien-être du plus grand nombre, sans lésion aucune des intérêts du petit nombre; c'est celui de l'aisance par le travail des classes les plus nombreuses de la société, qui méritaient bien que le regard du souverain se fixât sur elles alors qu'elles avaient été longtemps sacrifiées. On oubliait trop que si le système prohibitif, appelé à tort protecteur, car il ne protégait que le monopole et l'injuste répartition des charges, on oubliait trop que si le système prohibitif faisait les affaires de quelques centaines de mille ouvriers de manufactures, il ruinait faisait profondément souffrir des millions d'ouvriers agricoles et autres qui se trouvaient exploités par une poignée d'intéressés. La lumière se fera brillante et pure sur cet acte immense de Napoléon III, qui embrasse l'industrie agricole, manufacturière et commerciale. C'est une ère nouvelle de justice, on ne l'a pas assez dit, de grandeur et de prospérité, qui s'ouvre pour la nation et pour le travail national lui-même; car ces mesures le feront grandir en importance par le développement de la consommation, grandir en dignité par le perfectionnement devenu nécessaire de ses procédés.

En effet, par la suppression des droits sur la laine et sur le coton, par leur réduction successive sur les sucres et les cafés, par l'amélioration énergiquement poursuivie des voies de communication, qui produira un abaissement général des frais de transports ; par des travaux considérables d'utilité publique, par la suppression d'une prohibition odieuse et barbare, et par des traités de commerce avec les nations étrangères, et notamment par le traité avec l'Angleterre, l'Empereur a réalisé un programme d'améliorations industrielles qui tourneront au profit de tous, même de ceux qui faisaient entendre les plaintes les plus vives.

La main puissante qui s'est mise à la réforme industrielle a touché à tout l'immense réseau de notre industrie pour l'améliorer ; il ne s'agit plus là de la réforme timide qui s'essaye à soulager d'un côté et qui blesse de l'autre, il s'agit d'un grand travail d'ensemble où les intérêts nationaux sont tous sauvegardés ; nous en avons acquis déjà la preuve par certaines adjudications de fournitures qui révèlent une excellente situation de nos mines, et qui prouvent surabondamment que nos manufactures n'ont point abdiqué, Dieu merci ! comme elles en menaçaient.

Ce grand travail d'ensemble qu'a réalisé l'Empereur était logique et nécessaire, il s'agissait d'une reconstruction, sur des bases solides, d'un édifice qui n'abritait que quelques-uns pour les endormir dans la routine des vieux procédés arriérés, dont les produits étaient payés par les consommateurs français plus cher que de meilleurs produits nés de procédés supérieurs.

Ici l'Empereur s'est préoccupé du bien-être de tous dans les réformes qu'il a inaugurées ; s'il a fait triompher les vrais principes, il a environné ce triomphe de tempéraments sages, qui non-seulement laissent debout toutes nos industries, mais encore qui les activeront en améliorant pour elles les conditions du travail et en étendant le cercle de leurs débouchés, ce qui accroîtra la production et la consommation.

Robert Peel a eu à soutenir des luttes terribles pour doter son pays du bienfait de la liberté commerciale, et aujourd'hui tous les Anglais, M. Cobden et le docteur Bowring le disaient à une séance de la *Société d'économie politique* à laquelle nous avions l'honneur d'assister, aujourd'hui tous les Anglais bénissent la main qui les a affranchis. En France, il en sera de même, et les sourdes menées des prohibitionnistes céderont la place à d'unanimes témoignages de reconnaissance ; mais, en attendant, il y aura encore bien des résistances, bien des manœuvres souterraines et ostensibles même ; l'on fera vibrer le sentiment de l'honneur national, l'on parlera de la défense nationale ; disons deux mots sur ce chapitre capital.

Du temps des guerres de la république, grandes guerres, on en conviendra, la production indigène du fer était de 69,000 tonnes ; sous Napoléon Ier, où les guerres furent plus colossales encore, la production fut de 111,000 tonnes. Elle est aujourd'hui, ou plutôt en 1857, pour avoir un chiffre officiel et sûr, de 854 mille tonnes ! Nous pensons qu'en présence de ce chiffre de 854,000 tonnes, alors que la production de 111,000 tonnes suffisait, du temps de Napoléon Ier, et à l'armement de ses armées et à l'industrie, nous pensons, disons-nous, que l'on peut se rassurer et dire que l'on pourrait facilement armer un million de soldats.

Mais, dira-t-on, la houille est une question palpitante, la houille est l'âme, le sang de l'industrie manufacturière ; c'est là que nous attendions nos adversaires. En effet, il nous faut aujourd'hui, pour alimenter notre industrie, 13,000,000 de tonnes de houille ; nous en extrayons en France 8,000,000 de tonnes ; où prendre les 5 millions qui nous manquent ? Il fallait bien les demander à l'étranger ou éteindre nos usines de tout ce que peuvent alimenter ces 5 millions ; c'est ce qu'a fait l'Empereur dans l'intérêt du travail national, au grand contentement de l'industrie en général et de l'industrie rouennaise en particulier, qui est prohibitionniste quand il s'agit de ses produits manufacturés, et libre-échangiste quand il s'agit de la houille.

Mais, en cas de guerre, a-t-on dit, où prendrez-vous le gros charbon dont nous avons besoin pour notre marine à vapeur ? En 1849, il nous a fallu pour ce service considérable 776,000 quintaux métriques; en 1851, notre marine en a consommé 789,000 ; en 1852, 867,000 ; en 1856, 1,629,000, et en 1858, enfin, 1,649,000 quintaux métriques. Tels sont les chiffres de nos besoins en gros charbon pour notre marine, et que nous avons demandés à l'étranger, il est vrai. Mais, en cas de guerre avec l'Angleterre, que feriez-vous si vous arrêtez l'extraction? D'abord, nous n'arrêtons pas l'extraction lorsqu'elle donne 8,000,000 de tonnes et que nous en réclamons 13,000,000 ; il lui reste encore une belle marge de progrès à accomplir, et, en cas d'isolement, nous nous suffirions encore à nous-mêmes. En effet, il faut à notre marine 200,000 tonnes de gros charbon, mettons même 300,000. Eh bien ! comme nous extrayons 8,000,000 de tonnes de houille et que, sur ces 8,000,000, nous avons 2,000,000 de tonnes de gros charbon, nous serions, comme on le voit, parfaitement tranquilles sur les approvisionnements de notre marine.

L'un des premiers compléments du système nouveau, inauguré par la lettre de l'Empereur, c'est le traité de commerce avec l'Angleterre. Sa promulgation a été un événement immense, et, par lui, se trouvent réalisés de véritables bienfaits. C'est un pas décisif fait dans la voie du progrès. Il tend à effacer des esprits, sur les deux rives du détroit, des préventions toujours déplorables, puisqu'elles entretiennent des haines séculaires qui se ravivent à des moments donnés et menacent la paix du monde.

Il est incontestablement dans l'intérêt des peuples de se procurer avec facilité les instruments de travail, fer, machines, outils, houille et matières premières ; le traité avec l'Angleterre y pourvoit. Il ne résulterait même de ce traité que la faculté de nous procurer, à de meilleures conditions, le fer et la houille, ces deux puissants agents du travail, qu'il réaliserait déjà un immense avantage ; mais là ne s'arrête point sa portée ; car il y a dans cet acte important une féconde réciprocité.

En effet, les Anglais ouvrent leurs ports à nos vins,

à nos soies, à nos objets de Paris. Quelques chiffres feront mieux saisir l'importance de nos relations avec l'Angleterre, au point de vue des échanges.

Notre exportation en Angleterre, en 1858, a été, pour le commerce spécial, de 426,000,000 de francs ; elle a décuplé depuis 1825. L'Empereur n'a pas voulu que notre meilleur marché nous fût fermé. En 1858, notre exportation totale avec tous les pays, valeur actuelle, a été de 1,777,000,000 de francs ; valeur permanente, c'est-à-dire valeur datant de 1825, pour établir la différence sur une seule base, de 1,887,000,000 de francs. L'Angleterre est pour le cinquième dans ce chiffre de nos exportations. En présence d'un pareil progrès dans notre commerce avec l'Angleterre, qui, de 1825 à 1858, a augmenté de 900 0/0, alors que l'Angleterre nous achète le cinquième de nos marchandises exportées, le double de ce que nous achète l'Amérique, l'on conviendra que le traité avec l'Angleterre était un immense bienfait pour toutes nos industries, agricole, manufacturière et commerciale.

En présence de notre commerce d'exportation en Angleterre, qui révèle les ressources énormes qu'offre ce pays à l'écoulement de nos produits, en considérant l'appoint nécessaire qu'il nous apporte pour alimenter nos fabriques et nos usines, on se dit avec Sully dans ses *Economies royales :* « Laissons, laissons la libre conversation entre les peuples. »

L'Empereur, dans sa sollicitude pour tous et désirant user d'utiles et nécessaires tempéraments, a voulu, par son décret du 11 avril dernier, que le conseil supérieur du commerce, de l'agriculture et de l'industrie procédât à une enquête ayant pour objet, conformément aux dispositions de l'article 13 du traité avec l'Angleterre : 1º la constatation des prix de vente moyens des objets admis à l'importation en France ; 2º la conversion en droits spécifiques des droits *ad valorem* qui doivent être établis sur chaque article, dans la limite fixée par le traité. Le conseil supérieur a accompli sa tâche avec la loyauté, le soin et le scrupule que l'on devait attendre des honorables et illustres membres qui le composaient, et l'on peut dire que les intérêts de tous y ont été sauvegardés.

Nous répéterons ici ce que nous avons dit devant le *Congrès des sociétés savantes.* Il y avait deux faces sous lesquelles il fallait envisager les questions industrielles, à savoir : la production industrielle et la transformation des matières en objets manufacturés ; il fallait équilibrer ces deux intérêts puissants et également dignes de sollicitude, c'est ce qu'a fait l'Empereur dans sa grande réforme industrielle; il a respecté les droits des producteurs et ceux des manufacturiers; mais il a reconnu aussi ceux des consommateurs. C'est toute une révolution pacifique et féconde où le travail sera activé, l'aisance généralisée, le prix des objets de première nécessité abaissé, et les salaires élevés ; par elle, le petit nombre relatif des ouvriers manufacturiers, et le nombre immense des ouvriers agricoles et autres verront leur situation s'améliorer, les capitaux se répartiront sur toutes les industries, le soleil de la liberté commerciale, en un mot, luira pour tout le monde, et tous béniront la main ferme et puissante, l'esprit de sagesse et d'équité qui ont fait profiter la France d'une expérience glorieusement accomplie en Angleterre depuis 1844.

La réforme politique n'a pas tardé à suivre la réforme industrielle; cela était logique : toutes les libertés rationnelles et fécondes se tiennent par la main.

II

Oui, les réformes industrielles adoptées par l'Empereur devaient entraîner les réformes politiques qui viennent de donner au Sénat et au Corps législatif une liberté de discussion qui permettra aux différentes opinions de se manifester ; elles prêteront plus de force encore à la politique du gouvernement. Ces réformes ne portent aucune atteinte aux institutions qui ont rendu le calme à notre pays ; elles sont une amélioration apportée au mécanisme politique, à l'abri duquel, grâce à la fermeté et à la sagesse de l'Empereur, la France a recouvré la place qui lui est due dans le monde ; grâce à elle la France, aujourd'hui, pèse dans la balance des destinées de l'Europe ; elle est l'arbitre de la paix ou de la guerre.

L'Empereur, instruit par les errements du passé parlementaire, a voulu raviver le contrôle de ses actes, sans permettre qu'un pouvoir s'élevât devant son pouvoir, et compromît, par des luttes de partis, l'édifice élevé avec tant de peines du milieu des orages. Il a voulu que la politique reprît sa place dans les débats, et que la pensée du pays pût se révéler plus facilement, et sans danger pour les institutions dues à son génie.

De la discussion de l'Adresse, en réponse au discours de l'Empereur, surgira la manifestation de l'accord du pays avec le souverain, dans la solution des questions intérieures et extérieures. Les débats eux-mêmes tendront à jeter plus de lumière sur la portée des actes du gouvernement; ces débats, reproduits fidèlement dans tous les journaux, iront faire éclater aux yeux de tous la confiance réciproque qui règne entre l'Empereur et le Corps législatif, pour procurer au pays toutes les améliorations qui peuvent élever le niveau de sa prospérité ou lui donner, à l'extérieur, l'attitude noble et digne qui lui convient.

Avec cette grave réforme nous entrons franchement et résolument dans le système du gouvernement représentatif, et non, que Dieu nous en préserve toujours, dans celui du gouvernement parlementaire qui a déterminé déjà chez nous la chute du gouvernement de la Restauration et celle du gouvernement de Juillet; l'Empereur, qui a toujours marché avec l'opinion du pays, aura l'avantage de mettre en relief cet accord aux yeux de l'Europe toujours attentive aux moindres gestes de la France. L'Europe verra que les représentants de la nation, les députés, issus du suffrage de tous, étudient les actes du pouvoir, les contrôlent, et que l'opinion publique est tenue en grand honneur chez nous.

Pour éviter que le pouvoir exécutif se trouve face à face avec les Chambres, l'Empereur s'est arrêté à une très-heureuse combinaison qui, venant en aide à

2.

l'intervention du conseil d'Etat, introduit au sein des Chambres d'utiles intermédiaires parfaitement au courant des décisions du Conseil des ministres auquel ils assisteront, et qui pourront soutenir les vues, les actes et les mesures du gouvernement, sans engager une responsabilité toujours périlleuse, et sans ôter de son prestige à l'administration.

En effet, les ministres sans portefeuille prendront la parole sur les actes du gouvernement au point de vue de la politique, puisqu'ils connaîtront celle du Conseil des ministres et celle de l'Empereur, et qu'ils pourront expliquer, en connaissance de cause, les motifs qui ont fait agir le pouvoir, ce que ne pouvaient faire MM. les conseillers d'Etat, à l'exception de M. le président du Conseil d'Etat, qui seul assistait au Conseil des ministres. Associés aux actes du pouvoir, ils pourront éclairer le Sénat et le Corps législatif sur les causes qui ont préparé les décisions du gouvernement.

Le pays, satisfait de ses institutions, heureux du calme dont il jouit, ne demandait aucune modification aux compléments accessoires de la constitution ; c'est l'Empereur qui a voulu cette réforme profonde qui, sans modifier le moins du monde la Constitution de 1852, lui donne une sanction de plus et fait éclater au grand jour le désir qu'éprouve l'Empereur d'améliorer, en temps utile, les institutions vivaces qu'il a données au pays. La presse, elle aussi, se ressentira de ces réformes, et le cercle des discussions du Corps législatif élargi, ces mêmes discussions trouvant place dans les journaux, ceux-ci acquièrent et plus d'importance et plus d'autorité.

Ainsi, après avoir rétabli l'ordre, l'Empereur donne au Corps législatif plus de liberté et plus de part aux grands actes de son gouvernement; c'est provoquer le contrôle de l'opinion publique, puisque les députés au Corps législatif, nommés par le suffrage de tous, en sont les vrais représentants.

L'Empereur, par ces réformes de politique intérieure, aura, sans contredit, accru la force du principe d'autorité si affaibli par les fautes des pouvoirs antérieurs. En effet, les institutions qu'il a données à la France sont fortes et vivaces, et il ne craint pas un examen libre et loyal qu'il fait naître et qui ne fera que consacrer davantage son autorité. Le pays satisfait, n'abusera pas, nous en avons l'assurance, de l'extension de liberté qu'il obtient aujourd'hui.

Les grandes et glorieuses choses qui se sont accomplies par l'initiative de l'Empereur recevront du contrôle même du Corps législatif, mis en possession de tous les documents qui s'y rapportent, un lustre de plus.

La publicité des débats du Sénat et du Corps législatif est une heureuse satisfaction donnée à l'opinion publique, qui regrettait qu'à cet égard la presse ne pût tenir ses lecteurs au courant des discussions souvent brillantes qui surgissaient au sein du premier Corps de l'État et du Corps essentiellement représentatif.

Les réformes spontanées qu'a mûries l'Empereur arrivent en leur temps ; c'est le développement de sa politique personnelle, à laquelle la France entière s'est toujours associée avec confiance, parce qu'elle sentait que cette politique était inspirée par une sagesse profonde. Aussi, partout, les réformes politiques voulues par Napoléon III ont-elles été accueillies avec un sincère enthousiasme.

Cette unanimité de la France peut-elle être altérée par quelques opposants qui se révèlent dans une certaine presse toujours hostile aux institutions nouvelles, et par des hommes de bonne foi sans doute, mais qui ne savent pas juger les institutions impériales autrement qu'en les mesurant sur les institutions anglaises.

Parmi les réformes édictées par l'Empereur, celle qui

donne la plus large satisfaction à l'opinion publique, c'est la publicité immédiate des débats ; il était pénible, en effet, d'attendre plusieurs semaines quelquefois, avant de connaître *in extenso* des discussions que le talent des commissaires du Conseil d'État et du président de ce Corps, utile intermédiaire entre l'État et les Chambres, ainsi que la spécialité savante des orateurs du Corps législatif, rendaient toujours pleines d'intérêt. Immédiatement après cette grande satisfaction de la publicité des débats, vient celle de la faculté de répondre, par une adresse discutée, au discours d'ouverture des sessions ; cette adresse, débattue au point de vue des opinions de toutes les nuances du Corps législatif, embrassera l'ensemble de la politique et de l'administration dans tous leurs détails ; ce sera une occasion pour le Sénat et pour le Corps législatif de s'associer plus intimement aux pensées et aux mesures du gouvernement, et de révéler d'une manière éclatante au pays l'accord qu'il savait exister, mais qu'il ne pouvait proclamer assez haut.

En provoquant le libre examen de ses actes, l'Empereur sent sa force et sa puissance, il compte sur la confiance que doit inspirer sa politique à la France et à ses représentants directs. Pourrait-il en être autrement, alors que le gouvernement impérial a rendu le calme et la sécurité au pays ; alors que le crédit public est amené à un degré inouï de prospérité ; alors que les réformes industrielles et le traité avec l'Angleterre raniment le travail national, abaissent le prix des objets de première nécessité et activent la production sur tous les points de l'Empire ; alors que la France a repris son rang dans les conseils de l'Europe et pèse de toute son énergie morale et de sa loyauté chevaleresque sur les événements contemporains ; alors que deux guerres entreprises pour des principes, et menées glorieusement à bonne fin, ont montré à l'Europe et au monde la puissance irrésistible de nos armes, et que la paix qui en a été la suite a fait éclater de la manière la plus péremptoire la sagesse et la modération de celui que l'on pouvait croire enivré par la victoire. Oui, la plus entière confiance unit l'Empereur et la nation, et, si quelques restes des anciens partis ne savent ni rien oublier ni rien apprendre, la nation, par son attitude, leur montrera la vanité de leurs chimériques et coupables espérances ; ah ! bien coupables, en présence d'un pouvoir né d'un principe, d'un principe qui crée un droit imprescriptible, et le plus légitime qui fût jamais, le principe du suffrage de tous.

Dans cette situation normale, forte, puissante et prestigieuse, l'Empereur a voulu, non pas revenir aux déplorables combinaisons du gouvernement parlementaire, qui efface le pouvoir exécutif et fait chaque jour jouer le sort du peuple sur le caprice d'un parti, mais raviver le gouvernement représentatif, par lequel un pouvoir grand par son principe et son autorité gouverne, mais s'éclaire par la libre discussion et le libre examen de ses actes, et réalise le jeu le plus ingénieux du mécanisme gouvernemental. Ce pouvoir souverain de l'Empereur n'est nullement, comme l'a dit à tort M. Granier de Cassagnac, un pouvoir à la Louis XIV; c'est bien une autorité rationnelle, progressive, qui dirige, mais s'éclaire, et qui donne la force, qui vient de tous, au souverain qui n'entre pas, la cravache à la main, dans le sein d'un Parlement humilié, mais qui, le calme venu, accroît l'action d'un Corps représentatif, honorable, issu du suffrage de tous, et qui méritait, par sa noble attitude, de nouvelles prérogatives. C'est un pouvoir plein du prestige d'un droit inéluctable, venu de l'acclamation de tous, environné de la splendeur d'une gloire incontestée et de la puissance que donne une modération philosophique, mais toujours énergique, prêt à toutes les améliorations que conseille la sagesse, que l'expérience réclame. Non, ce n'est point un pouvoir à la Louis XIV que celui qui fait intervenir le peuple tout entier dans le gouvernement par ses représentants à tous les degrés, et qui puise son énergie dans le concours de toutes les forces vitales d'un grand peuple.

La phase nouvelle dans laquelle entrent les institutions impériales n'est que l'accomplissement des promesses de l'Empereur, qui avait dit que la liberté viendrait un jour couronner l'édifice élevé par les mains de la nation et les siennes. Les hommes incorrigibles qui conservent les vieilles traditions des partis anciens et dénigrent les intentions les plus loyales, les plus sincères et les plus droites, pour ternir l'éclat d'un règne qui les importune, s'attachaient à l'absence de libre contrôle, suffisamment motivé par leurs propres erreurs et leur propre histoire, pour calomnier les institutions de l'Empire. Aujourd'hui, que leur restera-t-il, dans leur impuissance, en présence de grandes réformes politiques inaugurées par le mémorable décret du 24 novembre, et qui vont très-prochainement recevoir leur application sous le regard de celui qui a fait la France ce qu'elle est, c'est-à-dire grande et forte devant l'étranger, calme et active à l'intérieur ? Ce qui restera aux incorrigibles restes des partis vaincus, c'est de méconnaître l'efficacité des mesures nouvelles et d'en entraver l'exécution en poussant aux abus de la part de liberté donnée au Corps législatif, en provoquant des luttes bruyantes, qui s'éteindront, Dieu merci ! devant l'attitude du pays tout entier, qui s'associera par son bon sens à l'épreuve loyale qu'a provoquée l'Empereur.

Quelques bouderus incorrigibles ne voudront pas raisonner dans le sens des institutions nouvelles; mais ils se placeront au point de vue du parlementarisme, qu'on nous passe ce mot barbare que nous n'avons pas créé, et ils diront toujours que les ministres ne sont en aucune façon sous la main des Chambres, et que, cependant, leur responsabilité est nécessaire au jeu des institutions gouvernementales; ils diront que le pouvoir exécutif est trop à découvert, afin de le confisquer ou d'en faire, comme en Angleterre, une majestueuse fiction, une splendide abstraction, qui cache la république aristocratique sous un pâle bandeau royal, un pouvoir plus nominal, plus idéal que réel, bandeau royal sans doute plein de grâce aujourd'hui sur le front rayonnant d'une vertueuse reine, d'une mère et d'une épouse respectée du monde entier, mais, disons-le, tout chargé des soucis d'une splendide oisiveté.

En France, de 1815 à 1848, nous avons eu cette chose qu'on appelle le parlementarisme, et nous savons les luttes et les orages que cette forme républicaine hypocrite, sans dignité pour le prince qu'on écrase et pour le Parlement qui se prosterne devant un soliveau, a détails de l'administration du pays et pourront donner sur elle les explications nécessaires aux discussions qui interviendront. Mais les déplorables excès du gouvernement parlementaire ne se reproduiront plus, car le pouvoir des ministres à portefeuille ne sera jamais amoindri, et l'autorité des ministres sans portefeuille ne sera nullement affaiblie. Quant au pouvoir de l'Empereur, il en acquerra la force que donne toujours l'accord soutenu entre l'autorité et l'opinion, accord qui existe aujourd'hui de la manière la plus formelle, mais qui ne se révèle que par le consentement tacite, le calme et la sécurité, et qui se manifestera alors par la libre discussion et le libre examen. Mais, dira-t-on, si ce sont là de meilleures conditions que ce qui existait avant cette réforme, pourquoi ne pas les avoir introduites plus tôt? Ah! c'est que le pays n'était pas prêt encore à les recevoir, et que les épreuves multiples par lesquelles il avait passé, ayant affaibli et annihilé même le principe d'autorité, il fallait, avant tout, rendre le calme aux esprits, par les développements du travail et d'une prospérité incontestable, et rendre au gouvernement son prestige et sa force, son prestige par la gloire des armes, sa force par la confiance que la nation a mise en lui. Aujourd'hui, Dieu merci! les éléments qui constituent la puissance, c'est-à-dire le droit, le sentiment de l'utilité, et l'accord, sont réunis pour que la France marche d'un pas ferme dans la voie qui convient à une grande nation et pour qu'elle reçoive, de la main qui l'a sauvée de l'anarchie et l'a relevée devant l'étranger, le complément des institutions libérales qu'elle tient de l'Empereur et qui l'ont replacée au rang qu'elle avait le droit de réclamer.

Est-ce à dire pour cela que les partis, que les factions, que les brouillons ont abdiqué complétement et ne s'efforceront pas de passer par la porte qui leur est ouverte pour agiter de nouveau le pays et le troubler dans l'accomplissement de sa tâche? Nous ne le croyons pas ; seulement, nous pensons que ces partis, ces factions, ces brouillons, n'ont plus de soldats; ce sont les colonels du désordre, mais sans régiments. Toujours est-il que leurs menées sourdes et leurs tentatives doivent être l'objet de la sollicitude du pouvoir, grâce à Dieu! assez fort pour mettre le peuple travailleur et intelligent à l'abri de leurs coupables tentatives.

Quant au Corps législatif, nous ne doutons pas de sa modération un seul instant ; il acceptera avec reconnaissance la part d'action notable et large qui lui est faite, et il prouvera qu'il en était digne en n'en abusant pas, nous en avons l'assurance ; et il n'aura pas l'idée d'aller au delà du gouvernement représentatif pour entrer dans les orages du gouvernement parlementaire, ainsi que voudraient y pousser imprudemment certains organes de la publicité qui ne craignent pas d'afficher leurs aspirations à cet égard, alors que les gouvernements de leur choix sont tombés écrasés sous les pieds de ce régime redoutable qui n'est qu'une république déguisée, plus l'hypocrisie et l'abaissement du pouvoir, plus le mépris de l'autorité et la négation du droit ; car les factions y triomphent au lieu de l'opinion nationale. Si leurs forces ne suffisent pas, elles créent de monstrueux accouplements de partis qui ne s'opèrent qu'au détriment du sens moral, sous le nom de coalitions.

Ce régime parlementaire, qu'a-t-il créé, si ce n'est le désordre, l'anarchie et la chute de deux trônes, et n'y a-t-il pas de l'audace à prétendre que l'Empire a recueilli les fruits de ce système ? Oui, les fruits amers du désordre, de la corruption et de l'anarchie, qui avec lui ont fait place au calme, à la dignité, à la gloire, à l'élévation du niveau moral et intellectuel.

De trois souverains qui ont, l'un inauguré le gouvernement parlementaire, les deux autres qui l'ont expérimenté, deux sont tombés, qui ne manquaient ni d'intelligence ni de patriotisme ; ils sont tombés en entraînant la France dans des désordres inouïs ; ils sont tombés, parce que, de sa nature, le gouvernement parlementaire absorbe peu à peu le pouvoir ; il ôte tout prestige à l'autorité qu'il déplace et répartit sur toutes les influences vacillantes et multiples qu'il accepte puis repousse tour à tour, au gré de ses caprices redoutables.

Pour CONCLUSION, nous dirons : aujourd'hui c'est l'inauguration, par l'Empereur, du gouvernement représentatif vrai et de ses conséquences bienfaisantes, avec une souveraineté reconnue par tous et qui est alors un droit inéluctable ; c'est le gouvernement représentatif avec tous ses résultats féconds, alors que des réformes industrielles pleines d'avenir, qui vont décupler le travail national et nous mettre en rapport, plus que jamais, avec le monde entier, dont nous n'aurons à envier aucune institution politique, en présence des réformes politiques qui font entrer le pays plus avant dans le maniement des affaires publiques, et qui, sans dégager la responsabilité tutélaire que l'Empereur a voulu assumer devant la nation dont il est l'élu, qui lui remettait entre les mains ses destinées, et dont il a si bien compris les aspirations, donnent une part d'action plus grande au pays dans le gouvernement. C'est le gouvernement représentatif avec tous ses bienfaits ; mais ce n'est pas, grâce au ciel, le gouvernement parlementaire, qui jetterait l'incertitude dans les esprits, découragerait les capitaux, ruinerait l'industrie par ses fluctuations, et rouvrirait les abîmes du passé ; le gouvernement parlementaire dont le pays ne veut plus, parce qu'il en a fait la rude et redoutable expérience, le gouvernement parlementaire qui peut produire de bons résultats en Angleterre, où tous respectent la couronne, sauf à lui enlever toute autorité, toute initiative, toute autonomie, tout libre arbitre, pour ne lui laisser qu'un prestige... poétique si l'on veut, mais peu politique et peu sérieux.

L'Empereur a voulu que sa politique, éminemment française à l'extérieur, fût progressive à l'intérieur. S'ensuit-il que l'on doive retomber dans les excès condamnables de l'ancienne presse, qui ne respectait ni principes, ni autorité, qui attaquait toutes les institutions divines et humaines, et pour qui rien n'était sacré ? Nous ne le pensons pas ; l'Empereur est libre, sans doute, de se jeter dans ces hasards ; mais nous pensons qu'il jugera que l'éducation publique et les mœurs politiques ne sont pas assez avancées pour ouvrir la porte à cette puissance formidable qui tend toujours invinciblement à se substituer à toute puissance.

Pense-t-on aussi, comme on l'a dit, que le pays sera mis à même de manifester sa pensée dans des élections nouvelles de députés au Corps législatif? Certes, l'Empereur est le maître de faire cet appel au pays; mais pourquoi le Corps législatif actuel, qui s'est concilié le respect de tous par les soins qu'il a apportés à la discussion des affaires qui lui ont été soumises, serait-il privé du bienfait des nouvelles réformes? Nous n'en voyons aucun motif. Y a-t-il changement de politique? Non, à coup sûr; c'est toujours la grande politique qui a fait la gloire de ces dix dernières années; seulement le Corps législatif est appelé à une plus grande participation du pouvoir, au moyen d'une action, d'une intervention plus larges. Pourquoi le priver de l'honneur qui lui est fait aujourd'hui, à la grande joie du pays tout entier? Ce serait faire d'une récompense une manifestation de défiance imméritée, tout le monde ne le proclame-t-il pas?

Pour en revenir à la presse, déjà les réformes ont rendu à ses allures plus de vivacité et d'énergie; mais elle reste dans des limites rationnelles, il faut lui rendre cette justice; y resterait-elle longtemps? Cela n'est pas dans sa nature, n'est pas dans la nature des choses, comme dit Montesquieu en parlant des lois. Aujourd'hui tous les journaux reconnaissent que l'Empereur règne de par la volonté nationale et qu'il gouverne en tenant compte de l'opinion publique ; mais qui nous répondra que demain il en serait de même? Nous le répétons, l'éducation politique et les mœurs publiques ne sont pas assez avancées chez nous pour tenter ce périlleux essai; l'Empereur le désirerait en principe, tout porte à le supposer ; mais, quelle que soit sa puissance, quel que soit le prestige qui l'environne, peut-il faire cette éducation politique et modifier ces mœurs publiques en un jour? Assurément non, et nous dirons, en terminant, que l'avenir de la presse est entre les mains de la presse elle-même, qui peut beaucoup pour cette éducation et ces mœurs, l'avenir de nos institutions entre les mains de l'Empereur, et l'avenir de la France entre les mains de Dieu.

Au moment de mettre sous presse, nous lisons dans le *Moniteur* la remarquable circulaire de M. le comte de Persigny sur la presse, où l'illustre ministre donne un historique plein d'intérêt de la législation qui régit la matière en Angleterre; cette circulaire peut être résumée ainsi : que la presse respecte la constitution de 1852, et la presse sera libre.

On le voit, nous avions raison de dire en terminant: l'avenir de la presse est entre ses mains.

FIN.

MANUEL D'ÉCONOMIE POLITIQUE

Introduction. — Population. — Consommation. — Fortune publique. — Production, etc. — Industrie. — Industrie agricole. — Industrie manufacturière. — Machines. — Industrie commerciale. — Balance du commerce. — Importation. — Exportation. — Intérêts viticoles. — Tarif des douanes. — Prohibitions. — Colonies. —Voies de communication. — Navigation. — Monnaies. — Crédit. — Revenus. — Impôts et Contributions. — Emprunts. — Amortissement. — Propriété.

PAR J.-F.-JULES PAUTET

De la Société des gens de Lettres, de la Société d'Économie politique, de la Société de statistique, des Académies de Dijon, Besançon, Châlon, Autun, etc., bibliothécaire honoraire, ancien sous-préfet.

LISTE DES OUVRAGES DE J.-F.-JULES PAUTET :

L'Opinion, journal politique et littéraire, l'un des rédacteurs principaux. Paris, 1831. Un vol. in-folio. 1 vol.

Le Patriote, la Revue et la Tribune de la Côte-d'Or, rédacteur en chef : politique, littérature, économie politique, de 1832 à 1852. 17 vol.

Chant du soir, poésies. Un vol. in-8°. Paris, Ledoyen. 1 vol.

Mélanges, archéologie et biographie (médaille d'or). 1 vol.

Nouvelles historiques, excursions philosophiques. 1 vol.

Réorganisation de la Bibliothèque impériale. Br. in-8°. Paris, Ledoyen, 1857. 1 vol.

Histoire résumée des seize ducs, des villes et des châteaux de Bourgogne (médaille d'or). 1 vol.

Buckingham ou le COIN DE L'ATRE, nouvelles. Nouvelles historiques et mélanges. Paris, H. Souverain. 1 vol.

Nouveau Manuel complet du **Blason,** ou Code héraldique, archéologique et historique. Un vol. in-18, avec 10 pl. et 469 fig. Deux éditions tirées ensemble à 10,000 exemplaires. Paris, Roret. 1 vol.

Manuel d'Economie politique. Un vol. in-18. Paris, Roret. 1 vol.

Neufchâtel au point de vue du droit des gens. Br. in-8°. Paris, Ledoyen, 1857.

Ernest, ou la PROFESSION DE FOI d'un autre vicaire savoyard. 2ᵉ édition. SOUSCRIPTIONS MINISTÉRIELLES. Un vol. 2 fr. Ledoyen, 1859. 1 vol.

Le Pape, l'Autriche et l'Italie. Br. in-8°. 1 fr. Ledoyen. 1859.

Ouverture de l'Isthme américain, par le canal de Nicaragua. Br. in-8°. 1 fr. Guillaumin.

L'émancipation de la Russie. Br. in-8°. 1 fr. Guillaumin.

ERNEST

ou

LA PROFESSION DE FOI

D'UN

AUTRE VICAIRE SAVOYARD

OUVRAGE HONORÉ DE LA SOUSCRIPTION DES MINISTRES D'É-
TAT, DE L'INTÉRIEUR ET DE LA MARINE.

Le mont Saint-Bernard. — Cité d'Aoste. — Notre-Dame des Nei-
ges. — Le mont Blanc. — Le chalet. — La tourmente. — Le
précipice. — Notre-Dame de Dijon. — Un salon du faubourg
Saint-Germain. — Chastes attachements. — Un autre vicaire
savoyard. — D'où vient le mal? — Tendance des lettres. —
Qu'est-ce que la philosophie? — Le doute. — L'éclectisme. —
Un confesseur de la foi. — Qu'est-ce que la vérité? — Méthode
philosophique. — Un mariage en mer. — Magnificences de la re-
ligion. — Tableau épisodique. — Angoisses. — Perfidie. — Paris : ses magnificences morales, ses sommets intellectuels. —
Tristes nouvelles. — La lumière se fait. — Explication. — Par-
don et bonheur.

PAR M. J.-F.-JULES PAUTET

2ᵉ ÉDITION, AUGMENTÉE DE

Les Protestants peints par eux-mêmes

Un vol. in-18. — 2 fr.

CHEZ LEDOYEN, ET A LA LIBRAIRIE FRANÇAISE ET
ÉTRANGÈRE, QUAI MALAQUAIS, 3.

Paris. — Imp. de A Henry Noblet, imprimeur
du Corps législatif.

www.ingramcontent.com/pod-product-compliance
Lightning Source LLC
Chambersburg PA
CBHW060506050426
42451CB00009B/844